Género Texto expositivo

Pregunta esencial

¿Qué hace que distintas regiones del mundo sean diferentes?

Parque Nacional de las Montañas Rocosas

Betsy Hebert

Capítulo 1 El parque

¿Alguna vez viste las montañas Rocosas? También se las llama simplemente las Rocosas. Forman parte de una enorme cordillera. Se extienden desde Alaska hasta Nuevo México. ¡Es una gran distancia!

Las Rocosas tienen más de 3,000 millas de longitud. En algunos lugares tienen 300 millas de ancho.

Las Rocosas son grandes y hermosas.

Las Rocosas abarcan parte de varios estados de la región occidental de Estados Unidos. Un tramo de la cordillera se extiende por un lugar muy especial. Se trata del Parque Nacional de las Montañas Rocosas. El parque está en Colorado. ¿Puedes hallarlo en el mapa?

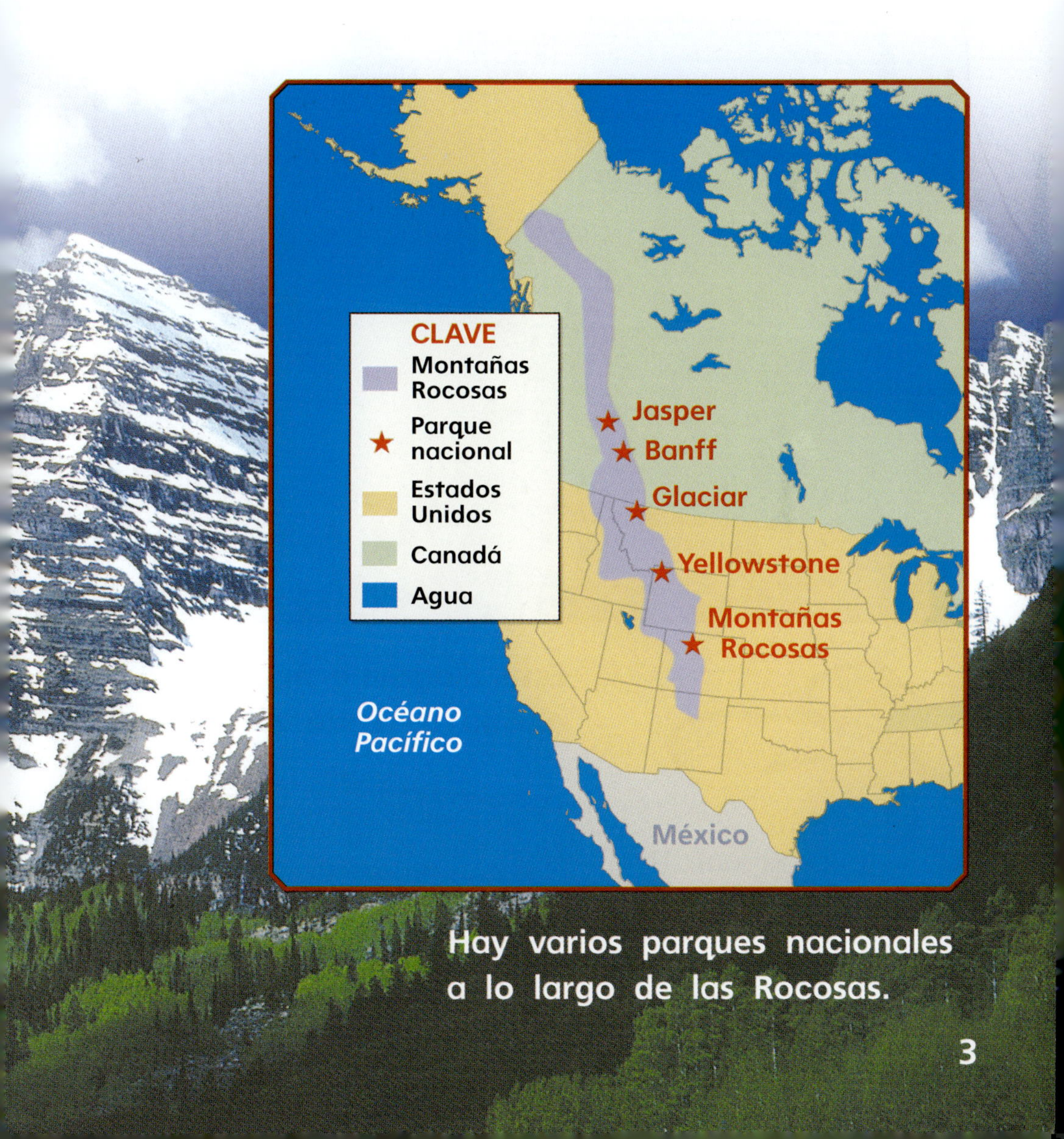

Hay varios parques nacionales a lo largo de las Rocosas.

El parque se divide en tres **ecosistemas,** o zonas de vida. Cada zona abarca una **altitud,** o altura, diferente de las montañas. Las zonas tienen distintas plantas, animales y climas.

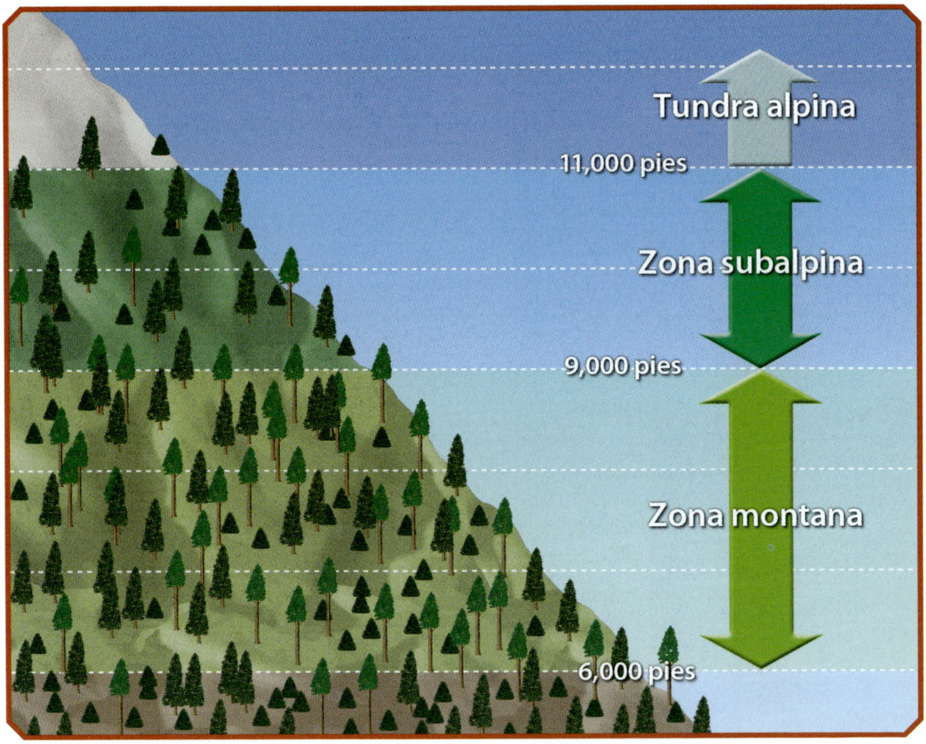

Este diagrama muestra la altitud de cada zona de vida.

Dato
El Parque Nacional de las Montañas Rocosas se fundó en 1915. Las plantas y animales del parque están protegidos.

Illustration: Bob Schuster

Capítulo 2 La zona montana

Vamos a estudiar las tres zonas de vida del parque. Comenzaremos por la más baja, al pie de las montañas.

Esta es la zona de vida montana. Empieza a unos 6,000 pies sobre el nivel del mar. Alcanza los 9,000 pies.

Los pinos ponderosa crecen en la zona montana.

La zona montana es la más templada de las zonas de vida. Allí hay pinos ponderosa y abetos de Douglas. Crecen en grupos llamados arboledas.

Cerca de los arroyos, crecen álamos y sauces. Sus hojas susurran con la brisa. Flores y bayas crecen en las amplias praderas.

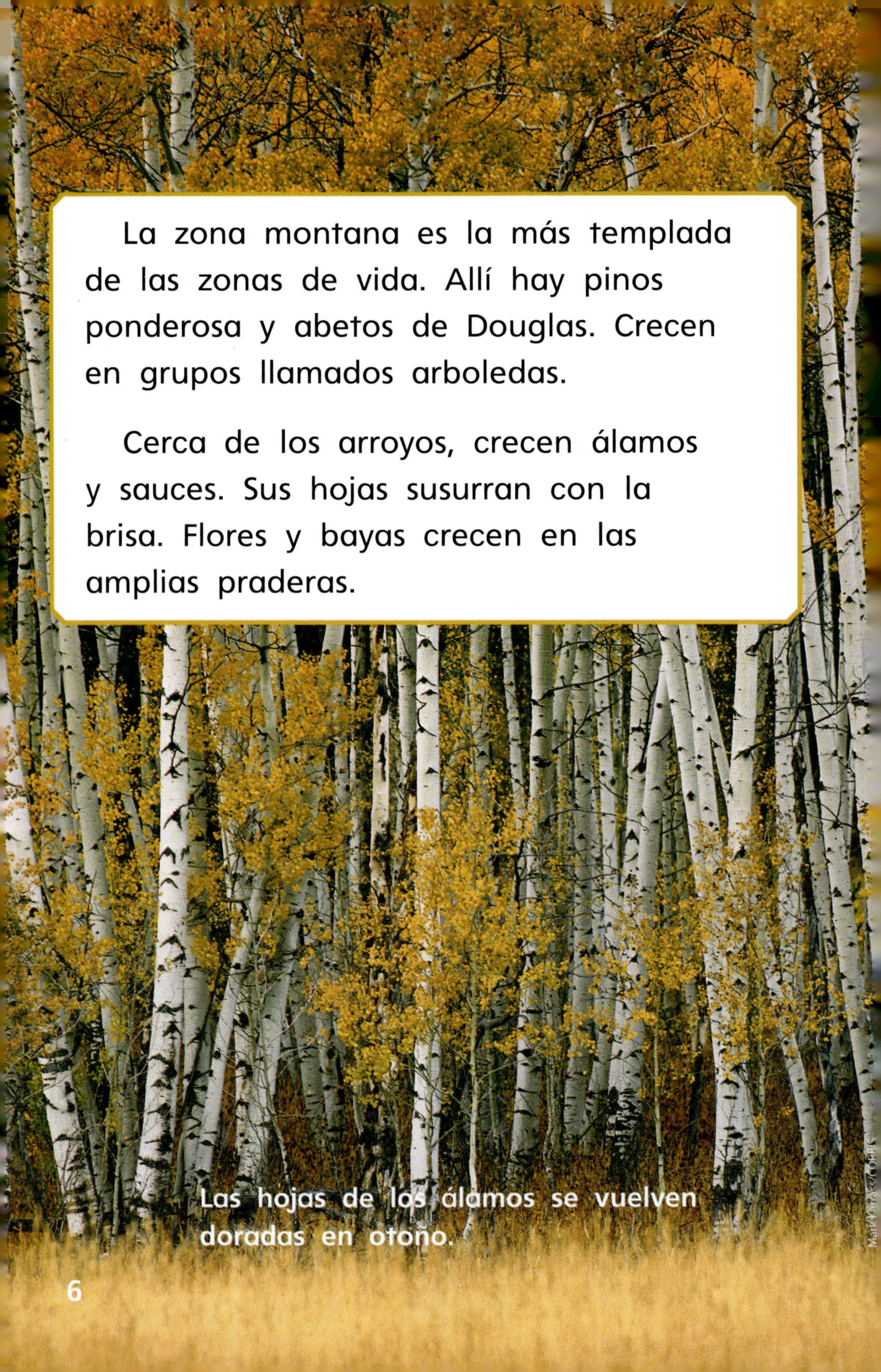

Las hojas de los álamos se vuelven doradas en otoño.

El ecosistema montano alberga una gran variedad de flora y fauna. Las ardillas comen las semillas de los pinos. Los alces, los uapitís y los ciervos mulos pastan en las praderas. Los depredadores, como los linces y los coyotes, cazan animales pequeños. Algunos pájaros, como los azulejos y los arrendajos, hacen nidos. Puedes oírlos cantar.

Esta ardilla de Abert vive en la zona montana.

National Park Service

Capítulo 3

La zona subalpina

Vayamos más arriba. La siguiente zona de vida es la subalpina. *Sub-* significa "debajo". *Alpina* significa "muy alta". La zona subalpina es la zona media, debajo de la alpina.

La zona subalpina alcanza los 11,000 pies y está casi toda cubierta de bosque espeso. Es más oscura y húmeda que la zona montana. Aquí crecen los abetos subalpinos y las píceas de Engelmann.

Estas son píceas de Engelmann.

En lo más alto de la zona subalpina, verás árboles de formas retorcidas y escalofriantes. Se llaman *krummholz*.

Los inviernos son largos y duros en esta zona más alta. Esto afecta el crecimiento de los árboles. El viento tuerce las píceas y los abetos. No crecen rectos ni llegan a ser tan altos como los árboles de zonas más bajas.

Detective del lenguaje	¿Puedes hallar un verbo en futuro en esta página?

Los *krummholz* pueden tener cientos de años.

En esta zona también viven animales. Los ciervos mulos consiguen alimento en primavera y verano. Lo mismo ocurre con las martas y los linces. Las aves tienen mucho espacio para sus nidos. Los pájaros más comunes son los carboneros y los juncos.

Las martas son delgadas y colilargas.

Jim Cummins/Shutterstock.com

Capítulo 4 La tundra alpina

Finalmente, nos desplazamos a la parte más alta del parque. Es la zona de la **tundra** alpina, superior a los 11,000 pies. Los picos más altos del parque están aquí, donde hay docenas de picos de más de 12,000 pies de altura. ¿Cuán alto es eso? Compara estos picos con los aviones, que suelen volar a 30,000 pies. Estos picos llegan casi hasta la mitad. ¡Estas sí que son montañas altas!

El pico Longs es el punto más alto del parque.

La zona alpina tiene un clima duro. Los vientos aúllan y nieva casi todo el año. No crecen árboles aquí. Esta zona se encuentra más allá de la **línea de los árboles**, pero no es una zona sin vida.

Algunas plantas y flores resistentes crecen aquí. Muchas de las plantas son pequeñas y crecen cerca del suelo, protegidas de los fuertes vientos. ¡Tú harías lo mismo si vivieras allí!

Estas flores alpinas son una explosión de color entre las rocas grises.

Las picas son pequeñas y rollizas y se parecen a los conejos.

Algunos animales viven en esta área. Los borregos cimarrones pasan mucho tiempo en la zona alpina. Son buenos escaladores y andan por acantilados.

Las picas y las marmotas viven aquí durante las cuatro estaciones. Hacen guaridas debajo de las rocas. Las perdices coliblancas son las únicas aves de la zona alpina. El frío no las afecta.

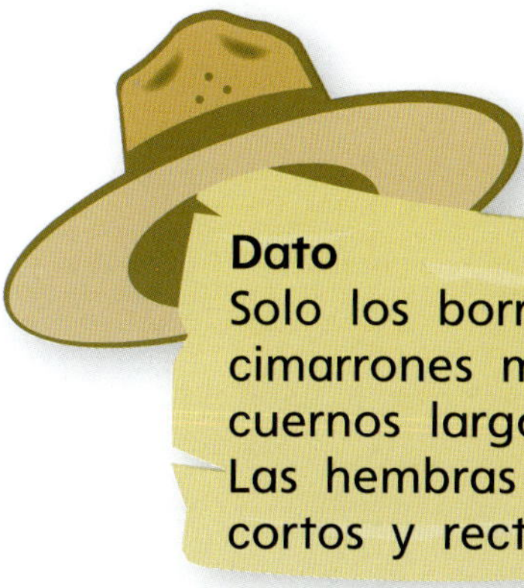

Dato
Solo los borregos cimarrones machos tienen cuernos largos y curvos. Las hembras tienen cuernos cortos y rectos.

(t) Roberta Olenick/All Canada Photos/Getty Images, (b) Brian Stablyk/Photographer's Choice RF/Getty Images

Ya recorriste las zonas de vida del Parque Nacional de las Montañas Rocosas. Ahora sabes por qué es un lugar especial. ¿Qué parte te gustaría visitar?

Detective del lenguaje	El verbo recorriste está en pretérito. ¿Puedes ponerlo en futuro?

El parque tiene cientos de millas de senderos para caminar.

Comstock Images/Alamy

Respuesta a la lectura

Resumir

Usa detalles para resumir *Parque Nacional de las Montañas Rocosas.*

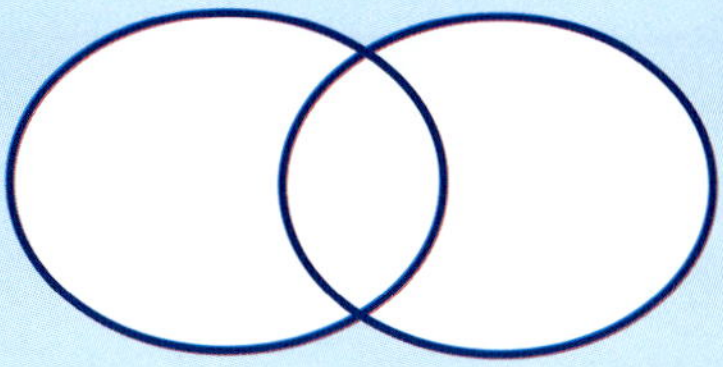

Evidencia en el texto

1. ¿Cómo sabes que *Parque Nacional de las Montañas Rocosas* es un texto expositivo? **Género**

2. ¿En qué se parecen y en qué se diferencian la zona montana y la tundra alpina? **Comparar y contrastar**

3. ¿Qué significa la palabra compuesta de la página 13? **Palabras compuestas**

4. Compara el Parque Nacional de las Montañas Rocosas con otro lugar especial. **Escribir sobre la lectura**

Género **Texto expositivo**

Compara los textos

¿Por qué Yellowstone es una parte especial de las montañas Rocosas?

Yellowstone

El Parque Nacional de Yellowstone también se encuentra en las montañas Rocosas. Es un parque con características especiales. Tiene más fuentes termales que cualquier otro lugar del mundo.

Las fuentes termales se forman cuando la lluvia o la nieve derretida caen sobre rocas calientes.

Géiseres

A veces, estas fuentes termales pueden entrar en **erupción**. Lanzan agua caliente, como si fueran surtidores. Estas fuentes termales se llaman géiseres. El géiser más famoso es el llamado Old Faithful.

El Old Faithful entra en erupción cada 90 minutos, aproximadamente.

Bob Stefko/The Image Bank/Getty Images

Fuentes de lodo

Otras fuentes termales no tienen tanta agua. En cambio, el vapor caliente borbotea a través de capas de lodo.

¡Los gases de las fuentes de lodo huelen a huevos podridos!

Haz conexiones

¿Qué distingue a Yellowstone de otros parques? **Pregunta esencial**

¿Qué parque nacional preferirías visitar, el de las montañas Rocosas o el de Yellowstone? **El texto y otros textos**

Glosario

altitud altura de un lugar por sobre el nivel del mar ***(página 4)***

ecosistema todas las plantas y animales que viven en un área determinada ***(página 4)***

erupción expulsión violenta de sustancias, como agua o lava ***(página 17)***

línea de los árboles inicio de las áreas montañosas más altas, donde no crecen árboles ***(página 12)***

tundra área sin árboles, donde el suelo está congelado ***(página 11)***

Índice

Enfoque: Ciencias

Propósito Hallar más datos sobre algún rasgo del Parque Nacional de las Montañas Rocosas o Yellowstone

Paso a paso

Paso 1 Elige un tema del libro del que quieras aprender más. Por ejemplo, el Old Faithful o un animal que vive en las Rocosas.

Paso 2 Lee más sobre ese tema. Haz un cartel u otra exposición. Incluye imágenes.

Paso 3 Presenta el cartel o la exposición en la clase.

Conclusión ¿Por qué elegiste ese tema para investigar? ¿Qué lo hace especial?